國家圖書館出版品預行編目(CIP)資料

府城百年愛的足跡 / 王子碩文；青葉唯圖.
-- 臺南市：臺南市中西區公所，2021.01

46面；26 x 20.5 公分
ISBN 978-986-5430-92-4 (精裝)

1.歷史 2.人文地理 3.繪本 4.臺南市中西區
733.9/127.9/105.4 110000349

府城百年愛的足跡

作者：王子碩．青葉唯
發行人：蕭泰華
行政：洪琬怡．王玠玟
設計製作：聚珍臺灣
指導單位：文化部．臺南市政府文化局
出版：臺南市中西區公所
地址：700010臺南市中西區開山路1號
電話：06-2267151
合作出版：點子貓科技有限公司
出版日期：2021年1月
定價：新臺幣300元

市長序

臺南是英國長老教會在臺灣發源的濫觴，宣教師們帶著無比的信仰和熱情來到臺南，許多人甚至奉獻一生長眠於此。來自英國的馬雅各醫師創辦了全臺第一間現代化西醫院（新樓醫院前身），巴克禮牧師創辦了臺南神學院，甘為霖牧師除推廣盲人教育之外，在臺灣史料保存與研究方面也有卓著貢獻，還有李庥牧師夫婦興辦女學，這些宣教師對臺南人民的健康、教育、現代化、文化各方面影響深遠，他們的故事應該讓更多人知道。

本書透過孩童的純真視角，由長命百歲的貓咪和孩子的互動對話帶出西方宣教師在臺南留下愛的足跡記憶，這是城市發展的溫暖脈絡，也是本市重要的歷史記憶。

由衷欣喜本書付梓，感謝作者和中西區公所同仁的辛勞付出，期盼這些故事能啟發下一代更加關心城市發展，如同繪本中的貓咪引領孩子認識城市的歷史底蘊，謹以此書紀念曾經為臺南這塊土地無私奉獻的人們，未來希望大家持續為中西區和大臺南文化的永續發展共同努力。

臺南市 市長

黃偉哲

文化局長序

清代天津條約開港之後，西方宣教師來到長期對外隔絕的臺灣，他們無私的奉獻與努力，在這裡留下數不盡愛的足跡並對臺灣社會、文化各方面發展產生了深遠的影響，成就臺灣歷史豐厚的底蘊。

當時身為臺灣首府的臺南是西方宣教師的重要舞台，臺南市政府文化局這些年也積極協助推廣相關活動，如２０１６、２０１７年與台南市巴克禮紀念公園永續經營協會、台南企業藝術文化基金會、台南東門教會、台灣教會公報社、長榮學園策略聯盟、聚珍臺灣、二行社區發展協會、二行里里辦公處、清王宮管理委員會等在地團體協辦臺南和平紀念日系列活動，追憶當年巴克禮牧師受臺南居民請求，冒著生命危險與日軍交涉和平入城的故事。

感謝中西區公所及兩位熱心作者的努力，讓本書得以付梓。期待本書以有趣的方式引導親子共同認識曾經在這塊土地犧牲奉獻的宣教師們，讓孩童從小扎根對家鄉的認同，更愛臺南。

臺南市政府文化局 局長

民政局長序

臺南是臺灣第一個城市，坐擁多元歷史文化魅力，各區擁有豐富的人文資源。臺南市政府民政局一直致力發展各區之區里特色，中西區以其獨特的「文化」為本，推動社區營造和里鄰業務，成果堪稱豐碩。

自西元１８６５年馬雅各醫師來到臺南，長老教會許多宣教師們對臺南這塊土地累積了豐厚的貢獻，在中西區歷史上留下重要的一頁，其無私奉獻的精神更是令人讚佩，值得後人學習。

民政局為宗教行政事務主管機關，與區里基層的生活文化有諸多關連。英國長老教會以醫療、傳道、教育、社會服務等方式深入臺南人的生活，可謂為當今臺南市政府「宗教優質化」政策推行的楷模典範。

今中西區公所以長老教會主題出版故事繪本，以童趣方式介紹宣教師們在臺南努力做事的足跡，除引領下一代認識在地生活的歷史脈絡，更有助於民眾對區里意識的凝聚，值得推廣流通，欣然為文作序，申表致賀祝福。

臺南市政府民政局 局長

中西區長序

臺南市人文薈萃，而文史底蘊豐厚的中西區，層層歷史紋理更是融入居民的生活環境之中隨處可見。

本書以繪本形式穿越百年前的臺南，西方宣教師在中西區的足跡也一一浮現；馬雅各醫師在看西街（今仁愛街附近）設立醫館和佈道所，開啟長老教會在臺灣１５０多年的歷史；位於中西區湯德章紀念公園旁的太平境教會，更是臺灣西方宗教與歷史的重要場域。

宣教師們在臺南辛苦付出的所作所為至今仍深深影響居民的在地生活；中西區公所特別策劃這本適合親子閱讀的繪本故事書，希望透過圖文回顧，喚起人們認識西方宣教師們在臺南城市發展的軌跡故事，也期望書中地景相關的溫暖文史記憶，扎根在每一位臺南囡仔的心中。

臺南市中西區 區長

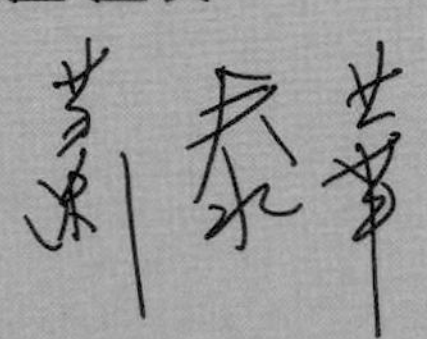

作者序

身為土生土長的臺南人，卻對家鄉了解有限，常讓我感到慚愧。在踏入文史領域以來，隨著記憶面紗一層層揭開，我也才真正感受到這個城市無可取代的溫暖和羈絆。在數不盡的臺南記憶中，巴克禮牧師的故事特別引起我的注意。這位來自蘇格蘭，一生奉獻在這裡，死後也葬在這裡的「正港臺灣人」巴克禮牧師，在各種層面深深影響臺南至今。

西元１８９５年日軍攻臺戰役中，臺人寄予厚望的劉永福棄城逃離，臺南城內居民陷入失去反抗武力、內部紛亂、外有日軍即將發動總攻擊的困境之中，無助之下請求巴克禮牧師冒著被射殺的危險前往與日軍交涉和平入城事宜，最終奇蹟的改變日軍軍事計畫使事件和平落幕。這起對臺南來說的重大歷史事件，身為臺南市民我們應該記得，在那個危機四伏的茫茫黑夜之中，雖然有人棄我們遠去，卻也有人選擇和我們站在一起。一波又一波來到臺灣西方宣教師，除了巴克禮牧師以外，還有許多令人感佩的人物。他們在臺灣各地留下愛的足跡，臺南更是其中的重要場域。

謹以這本童書，跟著貓咪和孩子的腳步，回顧這些無比溫暖的人事物。

聚珍臺灣 總監

王子碩

在臺南小巷玩耍的阿寶，發現一隻會說話的貓咪！
※場景在中西區開山路3巷美麗古樸的歷史建築「原清水寺街連棟街屋」前。

記
貓咪嚕嚕：
我可不是普通的貓！只有純真善良的人才看得見我。

好酷喔！可以跟我說你的故事嗎？
大台南公

嚕嚕：我是長命百歲的貓，在世界各地流浪，
來到這個城市已經一百多年了呢！
※他們走出開山路3巷，來到了湯德章紀念公園旁。背景是臺灣文學館。

※早期搭船要進入臺南，會讓大船在安平一帶停泊再換小舟走小河道進城。
我在一個有牌樓的地方上岸，
那時的臺南到處都是紅磚房子。

※圖中為臺南城重要上岸地點之一「接官亭」（位於民權路三段、康樂街附近）。

雖然人來人往，看得見我的
人並不多。
有一天，忽然有人把我叫住
他是馬雅各醫師，
來臺行醫傳教的宣教師。

※1865年6月馬雅各醫師來到臺南看西街設立醫館及佈道

他給我好吃的東西，
我就決定住在那裏了！
藥
※只有純真善良的人才看得見貓咪嚕嚕哦！

但沒多久就有人造謠醫師用人體器官製藥，
生氣的人們包圍醫館，官府卻置之不理。
可惡！出來面對！！

※在群衆包圍攻擊之下，馬雅各醫師只好轉往旗後(今高雄旗津)，醫館僅開業短短23天。
馬雅各醫師
只好離開臺南。

※貓咪嚕嚕在臺南城大西門（位於今民權路、西門路交叉口，城門已不存在）上望向西邊海面，當時城外景象非常繁榮。

原本有個家的我，又變回孤單的貓了。

※馬雅各醫師於1868年重返府城，於二老口街（今北門路、衛民街）一帶設立醫館，並在亭仔腳街（今青年路府城隍廟西側）設立禮拜堂。

於是我又有新家了！
就在青年路府城隍廟這附近。
※亭仔腳禮拜堂原址大約位於今中西區青年路111號一帶，日本時代因市區改正遭拆除改建。

※甘為霖牧師為歷史研究者，並推廣盲人教育，被譽為「臺灣盲人教育之父」。
後來又有位看得見我的大鬍子牧師來到！
他叫做甘為霖，不但照顧盲人還很會講臺灣歷史故事。
他的牧師館叫「新樓」，
就在現在神學院那裏。

從前從前~

我遇到好多來這裡努力做事的宣教師！
對了，那時創辦的學校也很棒哦！
哇！是長榮女中。

※長榮中學原名「長老教中學校」，來自英國的校長萬榮華先生帶來臺灣第一顆足球。
長榮中學的足球隊超強！
我好喜歡跟他們一起玩！
※當時的足球為皮革製褐色表面。

我最喜歡的牧師是這位「巴克禮」，
他創辦了臺灣第一間報社「聚珍堂」。

※聚珍堂原址位於今新樓街，為今青年路上臺灣教會公報社的前身。
新樓和聚珍堂，
以前都在神學院校區裡面！
※甘為霖牧師館「新樓」及巴克禮創辦之「聚珍堂」均在臺南神學院校區內，二戰後拆除改建現已不存。

※1895年，清國因甲午戰爭戰敗與日本簽訂馬關條約割讓臺澎，臺灣人成立臺灣民主國試圖自救，與來臺接收之日軍發生戰爭。

有一年，原本統治臺灣的清國把臺灣讓給日本。
日本派軍隊來接收臺灣，發生戰爭……

不好了！日軍要進攻臺南了

※1895年10月日軍三面包圍臺南城，並計劃發動總攻擊。

日本軍進攻臺南前夕，
守城的大將軍劉永福卻逃走了……

※巴克禮牧師要求請願民眾寫下要給日軍的請願信函，並強調他僅是代為轉交，以免被不知情者誤會教會通敵。

焦急的臺南人只能拜託有聲望的人去跟日軍談判
希望他們和平進城不要使用武力。

※談判隊伍當晚由小南門(今南大附小旁開山路、樹林街口)出城，往南走向駐紮在二層行溪(今二仁溪)旁的日軍營區。
※當天日軍駐紮在今嘉南藥理大學西側及二仁溪南岸太爺庄。
巴克禮與另一位宋忠堅牧師，和臺南的重要人物們
在茫茫黑夜中拿著英國旗、燈籠，大聲唱聖歌，
冒著被日軍射殺的危險前往交涉談判.....
※當天臺南城周遭發生激烈戰鬥，死傷無數。
※談判隊伍大聲唱聖歌表明自己光明正大前往交涉，並非要偷襲，以免遭日軍射殺。

※日軍第二師團長乃木希典深夜接見巴克禮後同意臺南居民請求，隔日上午日軍由小南門和平入城。
奇蹟的改變了日軍的攻擊計畫，
隔天和平入城。

巴克禮牧師在這裡做了好多事……
ABCD
EFG
CHHÒNG
-SÈ-KÌ
SÈNG-
KENG
※巴克禮牧師將臺語以羅馬拼音寫成「白話字」，讓不識字的民衆得以閱讀，同時也保存了臺語文化。

※巴克禮牧師於1877年創立「tāi-o̍h」(大學，Capital College)，幾經演變成為今日的臺南神學院。

※太平境教會全名「太平境馬雅各紀念教會」，位於今公園路，原本建築融合臺灣傳統風格及西方建築元素。

巴克禮牧師
在太平境教會這裡工作。

※太平境教會舊大門前有溪流「枋溪」流過。

※太平境教會於1954年改建為具美麗尖塔的教堂現貌。

※巴克禮牧師館位於臺南神學院校區內，建築現已不存在，僅存門口斜坡
巴克禮牧師太過勞累
中風病倒了。
為了讓他的輪椅進出，
在神學院牧師館前設立
了斜坡。

※巴克禮牧師於1935年10月5日逝世，葬於臺南三分子公墓，
1943年遷移至南山公墓。
不久後巴克禮牧師過世了，
埋葬在臺南。
我好傷心……

※名畫家陳澄波於1940年代曾來到臺南神學院作畫，留下多幅經典作品。
幾年後我看到一位畫家，
來到這裡畫畫。
把神學院美麗的樣子畫了下來……

牧師館現在已不存在了......
只剩門前的斜坡。
我好像看過那位畫家的畫！
真的嗎？！

我們去臺南市美術館吧！
喵！

※名畫家陳澄波所繪之臺南神學院名作《新樓庭院》由臺南市美術館典藏，畫中建築為屋頂有燕尾尖角的甘為霖牧師故居「新樓」。

你看！！是陳澄波的名畫

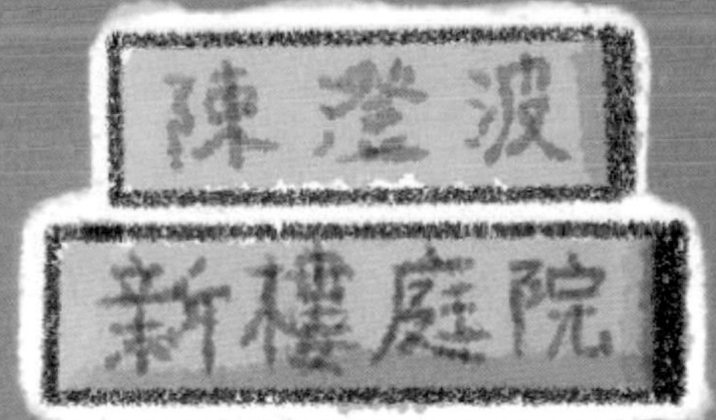

好美哦！

※陳澄波臺南神學院系列畫作中，另一幅私人收藏之《新樓風景》畫出屋頂為馬背造型之巴克禮牧師故居。

我遇到一隻會說話的貓
他跟我說了這幅畫的故事
陳澄波
新樓庭院

純真善良的小朋友，說不定你也可以看到嚕嚕哦！

快來看故事中出現的景點吧！

接官亭

接官亭位置在中西區民權路三段143巷8號風神廟前，為清代行船來臺南城的上岸主要地點之一。

大西門址

臺南城大西門原址於今中西區民權路西門路口。日本時初期拆除，現已不

看西街醫館址

看西街醫館是1865年長老教會來臺最初設立的據點，原址位於中西區仁愛街43號。

消防史料館

臺南市消防史料館位於湯德章紀念公園旁中正路、民生路之間。前身為日本時代臺南合同廳舍。

臺灣文學

臺灣文學館原為日代的臺南州廳，二曾遭空襲嚴重毀損後曾作為臺南市政

臺南美術館2館

臺南美術館2館原為日本時代之臺南神社內苑。二戰後曾作為忠烈祠、體育館、停車場等用途。

安平區

中西區

北區

太平境教會

太平境教會位於公園路接近湯德章紀念公園處，為基督教在臺灣發展的重要歷史場域。

亭仔腳禮拜堂址

馬雅各醫師重返府城後，設立「亭仔腳禮拜堂」成為重要的宣教據點，約位於今青年路111號一帶。

原清水寺街連棟街屋

原清水寺街連棟街屋位於開山路3巷內，建築古樸環境清幽。

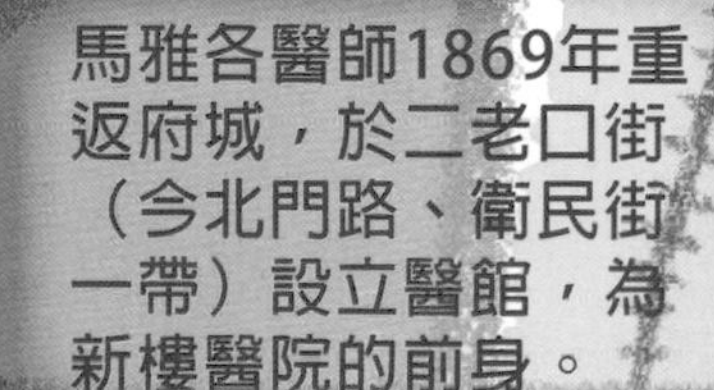

臺南火車站

臺南車站最初為木造，於日本時代1900年啟用，之後幾經擴建。目前站體為1936年落成的新一代車站。

馬雅各醫師1869年重返府城，於二老口街（今北門路、衛民街一帶）設立醫館，為新樓醫院的前身。

二老口醫館址

巴克禮牧師館位於今臺南神學院校區內，建築已不存，僅剩門前讓輪椅進出的斜坡。

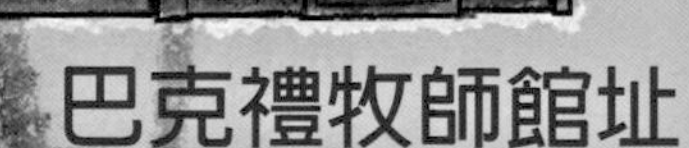

巴克禮牧師館址

巴克禮牧師於1877年創立「tāi-o̍h」(大學，Capital College)，幾經演變成為今日的臺南神學院。

臺南神學院

長老教會創立的長榮中學、長榮女中（原名長老教中學校、女學校），為臺灣早期的新式學堂。

臺灣教會公報社

青年路上的臺灣教會公報社源自於巴克禮牧師所創辦之臺灣第一間報社「聚珍堂」。

府城百年愛的足跡

西元１８５８年，清國與列強簽訂《天津條約》，其中臺灣三處港口因此對列強開放並允許遊歷、傳教。在清國眼中的「不平等條約」，對臺灣來說卻是重新站上世界舞台，對世界揭開了自清國統治後被長期封閉的神祕面紗，外國人士從此得以進入清國統治下長期與國際隔絕的臺灣。那時的西方宣教師，也因此一位又一位來到這塊土地。

清國疏於治理下的臺灣，是一個衛生條件不佳、充滿可怕傳染病與治安問題的高風險島嶼，臺灣居民對於外來者普遍不友善，動輒暴力相向，原住民族也有獵人頭的習俗。來臺的西方宣教師必須承擔這些危險，輕則生病受傷、重則喪命。這些原本在自己國家大多可以享受優渥生活的宣教師們，因為信仰而選擇來到臺灣，許多人將一生奉獻給這塊土地與人們，把這裡當成自己的家、把居民當成自己的家人，更有不少人死後葬在這裡。

在來臺的西方宣教團體中，長老教會無疑是踏實扎根、影響力深遠且延續至今的一群。他們留下了數不盡令人感動的傳奇故事，如最早來臺推行醫療宣教的馬雅各醫師；傳道者兼歷史學者並在白水溪事件中險遭臺灣人殺害的「臺灣盲人教育之父」甘為霖牧師；創立神學院、推廣白話字記錄母語、使用臺灣第一部印刷機與創立第一間報社「聚珍堂」的巴克禮牧師；與巴克禮一同受臺南居民請求，涉險前往與日軍和平談判、曾被原住民槍擊險喪命的宋忠堅牧師；以及他的夫人 - 蘇格蘭第一位擁有「三重醫學學位」的女性醫師、救治數千名病患最後卻病逝臺南的伊莉莎白；還有帶來臺灣第一顆足球、在臺辦學數十年如一日擔任長老教中學校（長榮中學前身）校長的萬榮華牧師 ..... 等等，而這些人不過是在臺南耕耘的宣教師中的一小部分。

當時身為全島首府的臺南成為許多宣教師活躍的舞台，這裡有他們留下數不盡愛的足跡，許多具有紀念性的地點值得我們駐足緬懷。以下列出三大重點場域，不管是臺南在地居民，或是外地遊客，都推薦去走走！

看西街佈道所

西元１８６５年６月，英國長老教會馬雅各醫師來到臺南，於臺南城西側的看西街設立醫館與佈道所。沒想到短短２３天，就被有心人造謠醫館取人眼睛及心臟製藥。憤怒的居民包圍醫館，馬雅各醫師只好轉往打狗旗後（今高雄旗津）。雖然時間短暫，卻是開啟長老教會在臺灣１５０多年歷史的重要開端。目前這條鄰近美食天堂永樂市場旁的巷子街廓依然維持原本的佈局，有幾間老屋還能找到以往的痕跡，來到臺南不妨去永樂市場逛逛，順道來一旁的仁愛街朝聖吧！

相關景點資訊：
看西街佈道所（已改建）
地址：臺南市中西區仁愛街43號

太平境教會

馬雅各醫師在看西街事件後轉往打狗旗後宣教，幾年後再次回到當時臺灣首府臺南宣教。西元１８６９年初，於臺灣府二老口街（約在今北門路老唐牛肉麵一帶）租地設立醫館與教堂，隔年又在附近的亭仔腳街設立教堂。之後信徒日增、幾經變革，日治後亦面臨市區改正使亭仔腳街教堂部份拆毀，於是在１９０１年由吳道源捐位於測候所旁太平境區域的地，在信徒與巴克禮牧師進行募款建造教堂，隔年竣工，命名為「馬雅各紀念教會」。教會造型融入臺灣漢式建築的紅瓦，甚至有廟宇常見的圓柱、寶珠，也有西方的尖拱窗。二戰後１９５４年，教會重建新禮拜堂，典雅的教堂造型搭配高塔，為臺南市區二戰後經典代表建築之一。美麗教堂與對街的測候所相互輝映，鄰近區域有原臺南公會堂、臺灣文學館（原臺南州廳）、湯德章紀念公園（原大正公園）、消防史料館（原合同廳舍）、林百貨等景點，值得一遊！

相關景點資訊：
太平境教會（1954年改建為現貌）
地址：臺南市中西區公園路6號

臺南神學院

臺南神學院源於巴克禮牧師於西元１８７７年創立之「 tāi-o̍h 」（大學，Capital College），１９０１年於臺南城東門新樓病院旁購地建立神學校新校舍，１９０３年２月本館落成。神學院本館為帶有哥德式風格的教堂建築，尖塔、尖拱窗西方語彙與臺灣在地紅瓦屋頂（戰後改水泥瓦）搭配，外觀文化融合而樸實、景色優美。鄰近的新樓醫院、神學院校區、臺灣教會公報社，訴說著１８８０年代長老教會在臺南城東逐步建立據點的脈絡。來到這裡，每踏出一步、看著一草一木，都散發著難以言喻的歷史氛圍。

相關景點資訊：
臺南神學院
地址：臺南市東區東門路一段117號

臺灣教會公報社
地址：臺南市東區青年路334號